TRANZLATY

Sprache ist für alle da

Język jest dla każdego

Die Schöne und das Biest

Piękna i Bestia

Gabrielle-Suzanne Barbot de Villeneuve

Deutsch / Polsku

Copyright © 2025 Tranzlaty
All rights reserved
Published by Tranzlaty
ISBN: 978-1-80572-022-5
Original text by Gabrielle-Suzanne Barbot de Villeneuve
La Belle et la Bête
First published in French in 1740
Taken from The Blue Fairy Book (Andrew Lang)
Illustration by Walter Crane
www.tranzlaty.com

Es war einmal ein reicher Kaufmann
Był sobie bogaty kupiec
dieser reiche Kaufmann hatte sechs Kinder
ten bogaty kupiec miał sześcioro dzieci
Er hatte drei Söhne und drei Töchter
miał trzech synów i trzy córki
Er hat keine Kosten für ihre Ausbildung gescheut
nie szczędził kosztów na ich edukację
weil er ein vernünftiger Mann war
ponieważ był człowiekiem rozsądnym
aber er gab seinen Kindern viele Diener
ale dał swoim dzieciom wiele sług
seine Töchter waren überaus hübsch
jego córki były niezwykle ładne
und seine jüngste Tochter war besonders hübsch
a jego najmłodsza córka była szczególnie ładna
Schon als Kind wurde ihre Schönheit bewundert
już jako dziecko podziwiano jej urodę
und die Leute nannten sie nach ihrer Schönheit
a ludzie nazywali ją ze względu na jej urodę
Ihre Schönheit verblasste nicht, als sie älter wurde
jej uroda nie przeminęła, gdy się zestarzała
Deshalb nannten die Leute sie weiterhin wegen ihrer Schönheit
więc ludzie nadal nazywali ją ze względu na jej urodę
das machte ihre Schwestern sehr eifersüchtig
to sprawiło, że jej siostry były bardzo zazdrosne
Die beiden ältesten Töchter waren sehr stolz
dwie starsze córki były bardzo dumne
Ihr Reichtum war die Quelle ihres Stolzes
ich bogactwo było źródłem ich dumy
und sie verbargen ihren Stolz nicht
i nie kryli swojej dumy
Sie besuchten nicht die Töchter anderer Kaufleute
nie odwiedzali córek innych kupców

weil sie nur mit Aristokraten zusammentreffen
ponieważ spotykają się tylko z arystokracją
Sie gingen jeden Tag zu Partys
chodzili codziennie na imprezy
Bälle, Theaterstücke, Konzerte usw.
bale, przedstawienia, koncerty itp.
und sie lachten über ihre jüngste Schwester
i śmiali się ze swojej najmłodszej siostry
weil sie die meiste Zeit mit Lesen verbrachte
ponieważ większość czasu spędzała na czytaniu
Es war allgemein bekannt, dass sie reich waren
było powszechnie wiadome, że byli bogaci
so hielten mehrere bedeutende Kaufleute um ihre Hand an
więc kilku wybitnych kupców poprosiło o ich rękę
aber sie sagten, sie würden nicht heiraten
ale powiedzieli, że nie zamierzają się pobrać
aber sie waren bereit, einige Ausnahmen zu machen
ale byli gotowi zrobić pewne wyjątki
„Vielleicht könnte ich einen Herzog heiraten"
„może mogłabym poślubić księcia"
„Ich schätze, ich könnte einen Grafen heiraten"
„Myślę, że mogłabym poślubić hrabiego"
Schönheit dankte sehr höflich denen, die ihr einen Antrag gemacht hatten
piękność bardzo uprzejmie podziękowała tym, którzy się jej oświadczyli
Sie sagte ihnen, sie sei noch zu jung zum Heiraten
powiedziała im, że jest jeszcze za młoda, żeby wyjść za mąż
Sie wollte noch ein paar Jahre bei ihrem Vater bleiben
chciała zostać jeszcze kilka lat ze swoim ojcem
Auf einmal verlor der Kaufmann sein Vermögen
Nagle kupiec stracił cały majątek
er verlor alles außer einem kleinen Landhaus
stracił wszystko oprócz małego domu na wsi

und er sagte seinen Kindern mit Tränen in den Augen:
i ze łzami w oczach mówił swoim dzieciom:
„Wir müssen aufs Land gehen"
„Musimy pojechać na wieś"
„und wir müssen für unseren Lebensunterhalt arbeiten"
„i musimy pracować na swoje utrzymanie"
die beiden ältesten Töchter wollten die Stadt nicht verlassen
dwie starsze córki nie chciały opuszczać miasta
Sie hatten mehrere Liebhaber in der Stadt
mieli kilku kochanków w mieście
und sie waren sicher, dass einer ihrer Liebhaber sie heiraten würde
i byli pewni, że któryś z ich kochanków się z nimi ożeni
Sie dachten, ihre Liebhaber würden sie heiraten, auch wenn sie kein Vermögen hätten
myśleli, że ich kochankowie poślubią je nawet bez majątku
aber die guten Damen haben sich geirrt
ale dobre damy się myliły
Ihre Liebhaber verließen sie sehr schnell
ich kochankowie bardzo szybko ich porzucili
weil sie kein Vermögen mehr hatten
ponieważ nie mieli już żadnych majątków
das zeigte, dass sie nicht wirklich beliebt waren
pokazało to, że tak naprawdę nie byli lubiani
alle sagten, sie verdienen kein Mitleid
wszyscy mówili, że nie zasługują na litość
„Wir sind froh, dass ihr Stolz gedemütigt wurde"
„jesteśmy szczęśliwi widząc ich dumę upokorzoną"
„Lasst sie stolz darauf sein, Kühe zu melken"
„niech będą dumni z dojenia krów"
aber sie waren um Schönheit besorgt
ale zależało im na pięknie
sie war so ein süßes Geschöpf
była takim słodkim stworzeniem

Sie sprach so freundlich zu armen Leuten
mówiła tak życzliwie do biednych ludzi
und sie war von solch unschuldiger Natur
i była tak niewinna
Mehrere Herren hätten sie geheiratet
Kilku dżentelmenów by ją poślubiło
Sie hätten sie geheiratet, obwohl sie arm war
wzięliby ją za żonę, nawet gdyby była biedna
aber sie sagte ihnen, sie könne sie nicht heiraten
ale powiedziała im, że nie może ich poślubić
weil sie ihren Vater nicht verlassen wollte
ponieważ nie chciała opuścić ojca
sie war entschlossen, mit ihm aufs Land zu fahren
była zdecydowana pojechać z nim na wieś
damit sie ihn trösten und ihm helfen konnte
aby mogła go pocieszyć i pomóc
Die arme Schönheit war zunächst sehr betrübt
Biedna piękność była na początku bardzo zasmucona
sie war betrübt über den Verlust ihres Vermögens
była zmartwiona utratą majątku
„Aber Weinen wird mein Schicksal nicht ändern"
„ale płacz nie zmieni mojego losu"
„Ich muss versuchen, ohne Reichtum glücklich zu sein"
„Muszę spróbować uszczęśliwić siebie bez bogactwa"
Sie kamen zu ihrem Landhaus
przyjechali do swojego domu na wsi
und der Kaufmann und seine drei Söhne widmeten sich der Landwirtschaft
a kupiec i jego trzej synowie zajęli się rolnictwem
Schönheit stand um vier Uhr morgens auf
Piękność wzeszła o czwartej rano
und sie beeilte sich, das Haus zu putzen
i pospieszyła się, żeby posprzątać dom
und sie sorgte dafür, dass das Abendessen fertig war
i upewniła się, że kolacja jest gotowa

ihr neues Leben fiel ihr zunächst sehr schwer
na początku nowe życie wydawało jej się bardzo trudne
weil sie diese Arbeit nicht gewohnt war
ponieważ nie była przyzwyczajona do takiej pracy
aber in weniger als zwei Monaten wurde sie stärker
ale w niecałe dwa miesiące stała się silniejsza
und sie war gesünder als je zuvor
i była zdrowsza niż kiedykolwiek wcześniej
nachdem sie ihre arbeit erledigt hatte, las sie
po skończeniu pracy przeczytała
sie spielte Cembalo
grała na klawesynie
oder sie sang, während sie Seide spann
lub śpiewała, przędąc jedwab
im Gegenteil, ihre beiden Schwestern wussten nicht, wie sie ihre Zeit verbringen sollten
wręcz przeciwnie, jej dwie siostry nie wiedziały, jak spędzać czas
Sie standen um zehn auf und taten den ganzen Tag nichts anderes als herumzufaulenzen
wstali o dziesiątej i cały dzień nic nie robili, tylko leniuchowali
Sie beklagten den Verlust ihrer schönen Kleider
opłakiwali utratę swoich pięknych ubrań
und sie beklagten sich über den Verlust ihrer Bekannten
i narzekali na utratę znajomych
„Schau dir unsere jüngste Schwester an", sagten sie zueinander
„Spójrzcie na naszą najmłodszą siostrę" – powiedzieli sobie
„Was für ein armes und dummes Geschöpf sie ist"
„jakież to biedne i głupie stworzenie"
„Es ist gemein, mit so wenig zufrieden zu sein"
„to niesprawiedliwe zadowalać się tak małym"
der freundliche Kaufmann war ganz anderer Meinung
miły kupiec był zupełnie innego zdania

er wusste sehr wohl, dass Schönheit ihre Schwestern übertraf
wiedział doskonale, że piękno przyćmiewa jej siostry
Sie übertraf sie sowohl charakterlich als auch geistig
przyćmiła ich zarówno charakterem, jak i umysłem
er bewunderte ihre Bescheidenheit und ihre harte Arbeit
podziwiał jej pokorę i ciężką pracę
aber am meisten bewunderte er ihre Geduld
ale najbardziej podziwiał jej cierpliwość
Ihre Schwestern überließen ihr die ganze Arbeit
jej siostry zostawiły jej całą pracę do wykonania
und sie beleidigten sie ständig
i obrażali ją co chwilę
Die Familie hatte etwa ein Jahr lang so gelebt
Rodzina żyła w ten sposób przez około rok
dann bekam der Kaufmann einen Brief von einem Buchhalter
potem kupiec dostał list od księgowego
er hatte in ein Schiff investiert
miał inwestycję w statek
und das Schiff war sicher angekommen
i statek bezpiecznie dotarł na miejsce
diese Nachricht ließ die beiden ältesten Töchter staunen
Ta wiadomość zawróciła w głowach dwóm najstarszym córkom
Sie hatten sofort die Hoffnung, in die Stadt zurückzukehren
od razu mieli nadzieję na powrót do miasta
weil sie des Landlebens überdrüssig waren
ponieważ byli już zmęczeni życiem na wsi
Sie gingen zu ihrem Vater, als er ging
poszli do ojca, gdy ten wychodził
Sie baten ihn, ihnen neue Kleider zu kaufen
błagali go, żeby kupił im nowe ubrania
Kleider, Bänder und allerlei Kleinigkeiten

sukienki, wstążki i wszelkiego rodzaju drobiazgi
aber die Schönheit verlangte nichts
ale piękność o nic nie prosiła
weil sie dachte, das Geld würde nicht reichen
ponieważ myślała, że pieniędzy nie wystarczy
es würde nicht reichen, um alles zu kaufen, was ihre Schwestern wollten
nie wystarczyłoby na zakup wszystkiego, czego chciały jej siostry
„Was möchtest du, Schönheit?", fragte ihr Vater
„Czego sobie życzysz, ślicznotko?" – zapytał jej ojciec.
"Danke, Vater, dass du so nett bist, an mich zu denken", sagte sie
„Dziękuję Ci, Ojcze, za to, że o mnie pomyślałeś" – powiedziała
„Vater, sei so freundlich und bring mir eine Rose mit"
„Ojcze, bądź tak miły i przynieś mi różę"
„weil hier im Garten keine Rosen wachsen"
„ponieważ w naszym ogrodzie nie rosną żadne róże"
„und Rosen sind eine Art Rarität"
„a róże są pewnego rodzaju rzadkością"
Schönheit mochte Rosen nicht wirklich
Piękność nie przepadała za różami
sie bat nur um etwas, um ihre Schwestern nicht zu verurteilen
prosiła tylko o coś, żeby nie potępiać swoich sióstr
aber ihre Schwestern dachten, sie hätte aus anderen Gründen nach Rosen gefragt
ale jej siostry myślały, że prosiła o róże z innych powodów
„Sie hat es nur getan, um besonders auszusehen"
„zrobiła to tylko po to, żeby wyglądać szczególnie"
Der freundliche Mann machte sich auf die Reise
Dobry człowiek wyruszył w swoją podróż
aber als er ankam, stritten sie über die Ware
ale kiedy przybył, pokłócili się o towar

und nach viel Ärger kam er genauso arm zurück wie zuvor
i po wielu kłopotach wrócił tak samo biedny jak poprzednio
er war nur ein paar Stunden von seinem eigenen Haus entfernt
był kilka godzin od swojego domu
und er stellte sich schon die Freude vor, seine Kinder zu sehen
i już wyobrażał sobie radość, jaką będzie miał widok swoich dzieci
aber als er durch den Wald ging, verirrte er sich
ale idąc przez las zgubił się
es hat furchtbar geregnet und geschneit
strasznie padał deszcz i śnieg
der Wind war so stark, dass er ihn vom Pferd warf
wiatr był tak silny, że zrzucił go z konia
und die Nacht kam schnell
a noc nadchodziła szybko
er begann zu glauben, er müsse verhungern
zaczął myśleć, że może umrzeć z głodu
und er dachte, er könnte erfrieren
i myślał, że zamarznie na śmierć
und er dachte, Wölfe könnten ihn fressen
i myślał, że wilki mogą go zjeść
die Wölfe, die er um sich herum heulen hörte
wilki, które słyszał wyjące wokół siebie
aber plötzlich sah er ein Licht
ale nagle zobaczył światło
er sah das Licht in der Ferne durch die Bäume
zobaczył światło w oddali przez drzewa
als er näher kam, sah er, dass das Licht ein Palast war
gdy podszedł bliżej zobaczył, że światło było pałacem
der Palast war von oben bis unten beleuchtet
pałac był oświetlony od góry do dołu

Der Kaufmann dankte Gott für sein Glück
Kupiec podziękował Bogu za swoje szczęście
und er eilte zum Palast
i pośpieszył do pałacu
aber er war überrascht, keine Leute im Palast zu sehen
ale był zaskoczony, że nie było tam żadnych ludzi
der Hof war völlig leer
dziedziniec był całkowicie pusty
und nirgendwo ein Lebenszeichen
i nigdzie nie było śladu życia
sein Pferd folgte ihm in den Palast
jego koń podążył za nim do pałacu
und dann fand sein Pferd großen Stall
a potem jego koń znalazł dużą stajnię
das arme Tier war fast verhungert
biedne zwierzę było prawie głodne
also ging sein Pferd hinein, um Heu und Hafer zu finden
więc jego koń poszedł szukać siana i owsa
zum Glück fand er reichlich zu essen
na szczęście znalazł dużo jedzenia
und der Kaufmann band sein Pferd an die Krippe
a kupiec przywiązał konia do żłobu
Als er zum Haus ging, sah er niemanden
idąc w stronę domu nie widział nikogo
aber in einer großen Halle fand er ein gutes Feuer
ale w dużej sali znalazł dobry ogień
und er fand einen Tisch für eine Person gedeckt
i znalazł stół nakryty dla jednej osoby
er war nass vom Regen und Schnee
był mokry od deszczu i śniegu
Also ging er zum Feuer, um sich abzutrocknen
więc podszedł do ognia, żeby się osuszyć
„Ich hoffe, der Hausherr entschuldigt mich"
„Mam nadzieję, że gospodarz domu mnie wybaczy"
„Ich schätze, es wird nicht lange dauern, bis jemand

auftaucht."
„Myślę, że nie potrwa długo, zanim ktoś się pojawi"
Er wartete eine beträchtliche Zeit
Czekał dość długo
er wartete, bis es elf schlug, und noch immer kam niemand
czekał, aż wybiła jedenasta, ale nadal nikt nie przyszedł
Schließlich war er so hungrig, dass er nicht länger warten konnte
w końcu był tak głodny, że nie mógł już dłużej czekać
er nahm ein Hühnchen und aß es in zwei Bissen
wziął trochę kurczaka i zjadł go w dwóch kęsach
er zitterte beim Essen
trząsł się jedząc jedzenie
danach trank er ein paar Gläser Wein
potem wypił kilka kieliszków wina
Er wurde mutiger und verließ den Saal
stając się coraz odważniejszym wyszedł z sali
und er durchquerte mehrere große Hallen
i przeszedł przez kilka wspaniałych sal
Er ging durch den Palast, bis er in eine Kammer kam
przeszedł przez pałac, aż wszedł do komnaty
eine Kammer, in der sich ein überaus gutes Bett befand
komnata, w której znajdowało się wyjątkowo dobre łóżko
er war von der Tortur sehr erschöpft
był bardzo zmęczony tym, co go spotkało
und es war schon nach Mitternacht
a była już po północy
also beschloss er, dass es das Beste sei, die Tür zu schließen
więc postanowił, że najlepiej będzie zamknąć drzwi
und er beschloss, dass er zu Bett gehen sollte
i doszedł do wniosku, że powinien iść spać
Es war zehn Uhr morgens, als der Kaufmann aufwachte
Była dziesiąta rano, gdy kupiec się obudził

gerade als er aufstehen wollte, sah er etwas
gdy miał już wstać, zobaczył coś
er war erstaunt, saubere Kleidung zu sehen
ze zdumieniem zobaczył czysty zestaw ubrań
an der Stelle, wo er seine schmutzigen Kleider zurückgelassen hatte
w miejscu, gdzie zostawił swoje brudne ubrania
"Mit Sicherheit gehört dieser Palast einer netten Fee"
„z pewnością ten pałac należy do jakiejś wróżki"
„eine Fee, die mich gesehen und bemitleidet hat"
„ wróżka, która mnie zobaczyła i zlitowała się nade mną"
er sah durch ein Fenster
spojrzał przez okno
aber statt Schnee sah er den herrlichsten Garten
ale zamiast śniegu zobaczył najpiękniejszy ogród
und im Garten waren die schönsten Rosen
a w ogrodzie były najpiękniejsze róże
dann kehrte er in die große Halle zurück
następnie wrócił do wielkiej sali
der Saal, in dem er am Abend zuvor Suppe gegessen hatte
sala, w której poprzedniego wieczoru jadł zupę
und er fand etwas Schokolade auf einem kleinen Tisch
i znalazł trochę czekolady na małym stoliku
„Danke, liebe Frau Fee", sagte er laut
„Dziękuję, dobra Wróżko" – powiedział głośno
„Danke für Ihre Fürsorge"
„dziękuję za troskę"
„Ich bin Ihnen für all Ihre Gefälligkeiten äußerst dankbar"
„Jestem Ci niezmiernie zobowiązany za wszystkie przysługi"
Der freundliche Mann trank seine Schokolade
miły człowiek wypił swoją czekoladę
und dann ging er sein Pferd suchen

a potem poszedł szukać swojego konia
aber im Garten erinnerte er sich an die Bitte der Schönheit
ale w ogrodzie przypomniał sobie prośbę piękności
und er schnitt einen Rosenzweig ab
i odciął gałązkę róży
sofort hörte er ein lautes Geräusch
natychmiast usłyszał wielki hałas
und er sah ein furchtbar furchtbares Tier
i zobaczył strasznie przerażającą bestię
er war so erschrocken, dass er kurz davor war, ohnmächtig zu werden
był tak przestraszony, że miał ochotę zemdleć
„Du bist sehr undankbar", sagte das Tier zu ihm
„Jesteś bardzo niewdzięczny" – powiedziało do niego zwierzę
und das Tier sprach mit schrecklicher Stimme
a bestia przemówiła strasznym głosem
„Ich habe dein Leben gerettet, indem ich dich in mein Schloss gelassen habe"
„Uratowałem ci życie, pozwalając ci wejść do mojego zamku"
"und dafür stiehlst du mir im Gegenzug meine Rosen?"
„a ty w zamian kradniesz moje róże?"
„Die Rosen sind für mich mehr wert als alles andere"
„Róże, które cenię ponad wszystko"
„Aber du wirst für das, was du getan hast, sterben"
„ale umrzesz za to, co zrobiłeś"
„Ich gebe Ihnen nur eine Viertelstunde, um sich vorzubereiten"
„Daję ci tylko kwadrans na przygotowanie się"
„Bereiten Sie sich auf den Tod vor und sprechen Sie Ihre Gebete"
„przygotuj się na śmierć i odmów modlitwę"
der Kaufmann fiel auf die Knie

Kupiec padł na kolana
und er hob beide Hände
i podniósł obie ręce
„Mein Herr, ich flehe Sie an, mir zu vergeben"
„Mój panie, proszę cię o wybaczenie"
„Ich hatte nicht die Absicht, Sie zu beleidigen"
„Nie miałem zamiaru cię urazić"
„Ich habe für eine meiner Töchter eine Rose gepflückt"
„Zebrałem różę dla jednej z moich córek"
„Sie bat mich, ihr eine Rose mitzubringen"
„poprosiła mnie, żebym przyniósł jej różę"
„Ich bin nicht euer Herr, sondern ein Tier", antwortete das Monster
„Nie jestem twoim panem, ale jestem zwierzęciem" – odpowiedział potwór
„Ich mag keine Komplimente"
„Nie lubię komplementów"
„Ich mag Menschen, die so sprechen, wie sie denken"
„Lubię ludzi, którzy mówią tak, jak myślą"
„glauben Sie nicht, dass ich durch Schmeicheleien bewegt werden kann"
„nie wyobrażaj sobie, że mogę być poruszony pochlebstwem"
„Aber Sie sagen, Sie haben Töchter"
„Ale mówisz, że masz córki"
„Ich werde dir unter einer Bedingung vergeben"
„Wybaczę ci pod jednym warunkiem"
„Eine deiner Töchter muss freiwillig in meinen Palast kommen"
„jedna z twoich córek musi przyjść do mojego pałacu z własnej woli"
"und sie muss für dich leiden"
„i ona musi cierpieć za ciebie"
„Gib mir Dein Wort"
„Daj mi swoje słowo"

„Und dann können Sie Ihren Geschäften nachgehen"
„a potem możesz zająć się swoimi sprawami"
„Versprich mir das:"
"Obiecaj mi to:"
„Wenn Ihre Tochter sich weigert, für Sie zu sterben, müssen Sie innerhalb von drei Monaten zurückkehren"
„Jeśli twoja córka nie chce umrzeć za ciebie, musisz wrócić w ciągu trzech miesięcy"
der Kaufmann hatte nicht die Absicht, seine Töchter zu opfern
kupiec nie miał zamiaru poświęcić swoich córek
aber da ihm Zeit gegeben wurde, wollte er seine Töchter noch einmal sehen
ale skoro miał czas, chciał jeszcze raz zobaczyć swoje córki
also versprach er, dass er zurückkehren würde
więc obiecał, że wróci
und das Tier sagte ihm, er könne aufbrechen, wann er wolle
a bestia powiedziała mu, że może wyruszyć, kiedy zechce
und das Tier erzählte ihm noch etwas
a bestia powiedziała mu jeszcze jedną rzecz
„Du sollst nicht mit leeren Händen gehen"
„Nie odejdziesz z pustymi rękami"
„Geh zurück in das Zimmer, in dem du lagst"
"wróć do pokoju, w którym leżałeś"
„Sie werden eine große leere Schatzkiste sehen"
„zobaczysz wielką, pustą skrzynię ze skarbami"
„Fülle die Schatzkiste mit allem, was Dir am besten gefällt"
„napełnij skrzynię skarbów tym, co lubisz najbardziej"
„und ich werde die Schatzkiste zu Dir nach Hause schicken"
„i wyślę skrzynię ze skarbami do twojego domu"
und gleichzeitig zog sich das Tier zurück
i w tym samym momencie bestia się wycofała

„Nun", sagte sich der gute Mann
„Cóż" – powiedział do siebie dobry człowiek
„Wenn ich sterben muss, werde ich meinen Kindern wenigstens etwas hinterlassen"
„Jeśli muszę umrzeć, to przynajmniej zostawię coś moim dzieciom"
so kehrte er ins Schlafzimmer zurück
więc wrócił do sypialni
und er fand sehr viele Goldstücke
i znalazł mnóstwo sztuk złota
er füllte die Schatzkiste, die das Tier erwähnt hatte
napełnił skrzynię ze skarbami, o której wspominała bestia
und er holte sein Pferd aus dem Stall
i wyprowadził konia ze stajni
die Freude, die er beim Betreten des Palastes empfand, war nun genauso groß wie die Trauer, die er beim Verlassen des Palastes empfand
radość, którą czuł wchodząc do pałacu, była teraz równa żalowi, jaki czuł opuszczając go
Das Pferd nahm einen der Wege im Wald
koń wziął jedną z dróg leśnych
und in wenigen Stunden war der gute Mann zu Hause
i po kilku godzinach dobry człowiek był już w domu
seine Kinder kamen zu ihm
jego dzieci przyszły do niego
aber anstatt ihre Umarmungen mit Freude entgegenzunehmen, sah er sie an
ale zamiast przyjąć ich uściski z przyjemnością, spojrzał na nich
er hielt den Ast hoch, den er in den Händen hielt
podniósł gałąź, którą trzymał w rękach
und dann brach er in Tränen aus
i wtedy wybuchnął płaczem
„Schönheit", sagte er, „nimm bitte diese Rosen"
„Piękno" – powiedział – „proszę, weź te róże"

„Sie können nicht wissen, wie teuer diese Rosen waren"
„nie możesz wiedzieć, jak drogie były te róże"
„Diese Rosen haben deinen Vater das Leben gekostet"
„te róże kosztowały twojego ojca życie"
und dann erzählte er von seinem tödlichen Abenteuer
a potem opowiedział o swojej fatalnej przygodzie
Sofort schrien die beiden ältesten Schwestern
natychmiast dwie starsze siostry krzyknęły
und sie sagten viele gemeine Dinge zu ihrer schönen Schwester
i mówili wiele przykrych rzeczy swojej pięknej siostrze
aber die Schönheit weinte überhaupt nicht
ale piękność wcale nie płakała
„Seht euch den Stolz dieses kleinen Schurken an", sagten sie
„Spójrzcie na dumę tego małego nędznika" – powiedzieli
„Sie hat nicht nach schönen Kleidern gefragt"
„nie prosiła o eleganckie ubrania"
„Sie hätte tun sollen, was wir getan haben"
„powinna była zrobić to, co my"
„Sie wollte sich hervortun"
„chciała się wyróżnić"
„so wird sie nun den Tod unseres Vaters bedeuten"
„więc teraz ona będzie śmiercią naszego ojca"
„und doch vergießt sie keine Träne"
„a jednak nie uroniła ani jednej łzy"
"Warum sollte ich weinen?", antwortete die Schönheit
„Dlaczego miałabym płakać?" odpowiedziała piękność
„Weinen wäre völlig unnötig"
„płacz byłby zupełnie niepotrzebny"
„Mein Vater wird nicht für mich leiden"
„mój ojciec nie będzie cierpiał za mnie"
„Das Monster wird eine seiner Töchter akzeptieren"
„potwór zaakceptuje jedną ze swoich córek"
„Ich werde mich seiner ganzen Wut aussetzen"

„Oddam się całemu jego gniewowi"
„Ich bin sehr glücklich, denn mein Tod wird das Leben meines Vaters retten"
„Jestem bardzo szczęśliwy, bo moja śmierć uratuje życie mojemu ojcu"
„Mein Tod wird ein Beweis meiner Liebe sein"
„moja śmierć będzie dowodem mojej miłości"
„Nein, Schwester", sagten ihre drei Brüder
„Nie, siostro" – powiedzieli jej trzej bracia
„das darf nicht sein"
„to się nie zdarzy"
„Wir werden das Monster finden"
„pójdziemy znaleźć potwora"
"und entweder wir werden ihn töten..."
"i albo go zabijemy..."
„... oder wir werden bei dem Versuch umkommen"
„...lub zginiemy w próbie"
„Stellt euch nichts dergleichen vor, meine Söhne", sagte der Kaufmann
„Nie wyobrażajcie sobie niczego takiego, moi synowie" – powiedział kupiec
„Die Kraft des Biests ist so groß, dass ich keine Hoffnung habe, dass Ihr es besiegen könntet."
„siła bestii jest tak wielka, że nie mam nadziei, że zdołasz ją pokonać"
„Ich bin entzückt von dem freundlichen und großzügigen Angebot der Schönheit"
„Jestem oczarowany miłą i hojną ofertą piękna"
„aber ich kann ihre Großzügigkeit nicht annehmen"
„ale nie mogę przyjąć jej hojności"
„Ich bin alt und habe nicht mehr lange zu leben"
„Jestem stary i nie zostało mi już dużo czasu"
„also kann ich nur ein paar Jahre verlieren"
„więc mogę stracić tylko kilka lat"
„Zeit, die ich für euch bereue, meine lieben Kinder"

„czas, którego żałuję za was, moje drogie dzieci"
„**Aber Vater**", **sagte die Schönheit**
„Ale ojcze" – powiedziała piękność
„**Du sollst nicht ohne mich in den Palast gehen**"
„nie pójdziesz do pałacu beze mnie"
„**Du kannst mich nicht davon abhalten, dir zu folgen**"
„nie możesz mi zabronić podążania za tobą"
nichts könnte Schönheit vom Gegenteil überzeugen
nic nie mogłoby przekonać piękna inaczej
Sie bestand darauf, in den schönen Palast zu gehen
nalegała na pójście do pięknego pałacu
und ihre Schwestern waren erfreut über ihre Beharrlichkeit
a jej siostry były zachwycone jej uporem
Der Kaufmann war besorgt bei dem Gedanken, seine Tochter zu verlieren
Kupiec martwił się myślą o stracie córki
er war so besorgt, dass er die Truhe voller Gold vergessen hatte
był tak zmartwiony, że zapomniał o skrzyni pełnej złota
Abends begab er sich zur Ruhe und schloss die Tür seines Zimmers.
wieczorem udał się na spoczynek i zamknął drzwi swojej komnaty
Dann fand er zu seinem großen Erstaunen den Schatz neben seinem Bett.
potem, ku swemu wielkiemu zdziwieniu, znalazł skarb przy łóżku
er war entschlossen, es seinen Kindern nicht zu erzählen
postanowił nie mówić o tym swoim dzieciom
Wenn sie es gewusst hätten, wären sie in die Stadt zurückgekehrt
gdyby wiedzieli, chcieliby wrócić do miasta
und er war entschlossen, das Land nicht zu verlassen
i postanowił nie opuszczać wsi

aber er vertraute der Schönheit das Geheimnis
ale powierzył piękności sekret
Sie teilte ihm mit, dass zwei Herren gekommen seien
poinformowała go, że przyszło dwóch panów
und sie machten ihren Schwestern einen Heiratsantrag
i złożyli propozycje jej siostrom
Sie bat ihren Vater, ihrer Heirat zuzustimmen
błagała ojca o zgodę na ich ślub
und sie bat ihn, ihnen etwas von seinem Vermögen zu geben
i poprosiła go, żeby dał im część swojego majątku
sie hatte ihnen bereits vergeben
ona już im wybaczyła
Die bösen Kreaturen rieben ihre Augen mit Zwiebeln
niegodziwe stworzenia przecierały oczy cebulą
um beim Abschied von der Schwester ein paar Tränen zu vergießen
wymusić łzy, gdy rozstawali się ze swoją siostrą
aber ihre Brüder waren wirklich besorgt
ale jej bracia naprawdę się martwili
Schönheit war die einzige, die keine Tränen vergoss
Piękność była jedyną, która nie uroniła ani jednej łzy
sie wollte ihr Unbehagen nicht vergrößern
nie chciała zwiększać ich niepokoju
Das Pferd nahm den direkten Weg zum Palast
koń pojechał prostą drogą do pałacu
und gegen Abend sahen sie den erleuchteten Palast
a pod wieczór ujrzeli oświetlony pałac
das Pferd begab sich wieder in den Stall
koń sam znowu wszedł do stajni
und der gute Mann und seine Tochter gingen in die große Halle
i dobry człowiek i jego córka poszli do wielkiej sali
hier fanden sie einen herrlich gedeckten Tisch
tutaj znaleźli stół wspaniale zastawiony

der Kaufmann hatte keinen Appetit zu essen
kupiec nie miał apetytu na jedzenie
aber die Schönheit bemühte sich, fröhlich zu erscheinen
ale piękność starała się wyglądać radośnie
sie setzte sich an den Tisch und half ihrem Vater
usiadła przy stole i pomogła ojcu
aber sie dachte auch bei sich:
ale pomyślała też:
„Das Biest will mich sicher mästen, bevor es mich frisst"
„Bestia na pewno chce mnie utuczyć zanim mnie zje"
„deshalb sorgt er für so viel Unterhaltung"
„dlatego zapewnia tak dużo rozrywki"
Nachdem sie gegessen hatten, hörten sie ein großes Geräusch
po jedzeniu usłyszeli wielki hałas
und der Kaufmann verabschiedete sich mit Tränen in den Augen von seinem unglücklichen Kind
a kupiec pożegnał swoje nieszczęsne dziecko ze łzami w oczach
weil er wusste, dass das Biest kommen würde
ponieważ wiedział, że bestia nadchodzi
Die Schönheit war entsetzt über seine schreckliche Gestalt
Piękność była przerażona jego okropną postacią
aber sie nahm ihren Mut zusammen, so gut sie konnte
ale zebrała się na odwagę, tak jak potrafiła
und das Monster fragte sie, ob sie freiwillig mitkäme
a potwór zapytał ją, czy przyszła dobrowolnie
"ja, ich bin freiwillig gekommen", sagte sie zitternd
„tak, przyszłam z własnej woli" – powiedziała drżąc
Das Tier antwortete: „Du bist sehr gut"
bestia odpowiedziała: „Jesteś bardzo dobry"
„und ich bin Ihnen zu großem Dank verpflichtet, ehrlicher Mann"
„i jestem ci bardzo zobowiązany, uczciwy człowieku"

„Geht morgen früh eure Wege"
"idźcie jutro rano"
„aber denk nie daran, wieder hierher zu kommen"
„ale nigdy więcej nie myśl o powrocie tutaj"
„Lebe wohl, Schönheit, lebe wohl, Biest", antwortete er
„Żegnaj, piękności, żegnaj, bestio" – odpowiedział
und sofort zog sich das Monster zurück
i natychmiast potwór się wycofał
"Oh, Tochter", sagte der Kaufmann
„Och, córko" – powiedział kupiec
und er umarmte seine Tochter noch einmal
i ponownie objął córkę
„Ich habe fast Todesangst"
„Jestem przerażony na śmierć"
„glauben Sie mir, Sie sollten lieber zurückgehen"
„uwierz mi, lepiej będzie jak wrócisz"
„Lass mich hier bleiben, statt dir"
„pozwól mi tu zostać, zamiast ciebie"
„Nein, Vater", sagte die Schönheit entschlossen
„Nie, ojcze" – powiedziała piękność stanowczym tonem
„Du sollst morgen früh aufbrechen"
„wyruszysz jutro rano"
„überlasse mich der Obhut und dem Schutz der Vorsehung"
„pozostaw mnie opiece i ochronie Opatrzności"
trotzdem gingen sie zu Bett
niemniej jednak poszli spać
Sie dachten, sie würden die ganze Nacht kein Auge zutun
myśleli, że nie zamkną oczu przez całą noc
aber als sie sich hinlegten, schliefen sie ein
ale gdy się położyli, zasnęli
Die Schönheit träumte, eine schöne Dame kam und sagte zu ihr:
piękność przyśniła się pięknej damie, która przyszła do niej i rzekła:

„Ich bin zufrieden, Schönheit, mit deinem guten Willen"
„Jestem zadowolony, piękno, z twojej dobrej woli"
„Diese gute Tat von Ihnen wird nicht unbelohnt bleiben"
„Twój dobry uczynek nie pozostanie bez nagrody"
Die Schöne erwachte und erzählte ihrem Vater ihren Traum
Piękność obudziła się i opowiedziała ojcu swój sen
der Traum tröstete ihn ein wenig
sen pomógł mu się trochę pocieszyć
aber er konnte nicht anders, als bitterlich zu weinen, als er ging
ale nie mógł powstrzymać się od gorzkiego płaczu, gdy odchodził
Sobald er weg war, setzte sich Schönheit in die große Halle und weinte ebenfalls
zaraz po jego wyjściu piękność usiadła w wielkiej sali i też zaczęła płakać
aber sie beschloss, sich keine Sorgen zu machen
ale postanowiła nie czuć się nieswojo
Sie beschloss, in der kurzen Zeit, die ihr noch zu leben blieb, stark zu sein
postanowiła być silna w tym krótkim czasie, który jej pozostał
weil sie fest davon überzeugt war, dass das Biest sie fressen würde
ponieważ głęboko wierzyła, że bestia ją zje
Sie dachte jedoch, sie könnte genauso gut den Palast erkunden
jednak pomyślała, że równie dobrze może zwiedzić pałac
und sie wollte das schöne Schloss besichtigen
i chciała zobaczyć piękny zamek
ein Schloss, das sie bewundern musste
zamek, którego nie mogła nie podziwiać
Es war ein wunderbar angenehmer Palast
to był zachwycająco przyjemny pałac

und sie war äußerst überrascht, als sie eine Tür sah
i była niezwykle zaskoczona, widząc drzwi
und über der Tür stand, dass es ihr Zimmer sei
a nad drzwiami było napisane, że to jej pokój
sie öffnete hastig die Tür
ona szybko otworzyła drzwi
und sie war ganz geblendet von der Pracht des Raumes
i była olśniona wspaniałością pokoju
was ihre Aufmerksamkeit vor allem auf sich zog, war eine große Bibliothek
jej uwagę przykuła przede wszystkim duża biblioteka
ein Cembalo und mehrere Notenbücher
klawesyn i kilka książek muzycznych
„Nun", sagte sie zu sich selbst
„Cóż" – powiedziała do siebie
„Ich sehe, das Biest wird meine Zeit nicht verstreichen lassen"
„Widzę, że bestia nie pozwoli, by mój czas wisiał na włosku"
dann dachte sie über ihre Situation nach
po czym zastanowiła się nad swoją sytuacją
„Wenn ich einen Tag bleiben sollte, wäre das alles nicht hier"
„Gdybym miał tu zostać jeden dzień, to by tego wszystkiego tu nie było"
diese Überlegung gab ihr neuen Mut
to rozważenie natchnęło ją nową odwagą
und sie nahm ein Buch aus ihrer neuen Bibliothek
i wzięła książkę ze swojej nowej biblioteki
und sie las diese Worte in goldenen Buchstaben:
i przeczytała te słowa złotymi literami:
„Begrüße Schönheit, vertreibe die Angst"
„Witaj piękno, wygnaj strach"
„Du bist hier Königin und Herrin"
„Jesteś tu królową i panią"

„**Sprich deine Wünsche aus, sprich deinen Willen aus**"
„Wyraź swoje życzenia, wyraź swoją wolę"
„**Schneller Gehorsam begegnet hier Ihren Wünschen**"
„Tutaj szybkie posłuszeństwo spełni twoje życzenia"
"**Ach**", **sagte sie mit einem Seufzer**
„Niestety" – powiedziała z westchnieniem
„**Am meisten wünsche ich mir, meinen armen Vater zu sehen**"
„Najbardziej pragnę zobaczyć mojego biednego ojca"
„**und ich würde gerne wissen, was er tut**"
„i chciałbym wiedzieć, co on robi"
Kaum hatte sie das gesagt, bemerkte sie den Spiegel
Gdy tylko to powiedziała, zauważyła lustro
zu ihrem großen Erstaunen sah sie ihr eigenes Zuhause im Spiegel
ku swemu wielkiemu zdziwieniu zobaczyła w lustrze swój własny dom
Ihr Vater kam emotional erschöpft an
jej ojciec przybył wyczerpany emocjonalnie
Ihre Schwestern gingen ihm entgegen
jej siostry poszły go spotkać
trotz ihrer Versuche, traurig zu wirken, war ihre Freude sichtbar
pomimo prób udawania smutnych, ich radość była widoczna
einen Moment später war alles verschwunden
chwilę później wszystko zniknęło
und auch die Befürchtungen der Schönheit verschwanden
i obawy dotyczące piękna również zniknęły
denn sie wusste, dass sie dem Tier vertrauen konnte
bo wiedziała, że może zaufać bestii
Mittags fand sie das Abendessen fertig
O południu znalazła gotową kolację
sie setzte sich an den Tisch

usiadła przy stole
und sie wurde mit einem Musikkonzert unterhalten
i zabawiano ją koncertem muzycznym
obwohl sie niemanden sehen konnte
chociaż nie mogła nikogo zobaczyć
abends setzte sie sich wieder zum Abendessen
wieczorem znów zasiadła do kolacji
diesmal hörte sie das Geräusch, das das Tier machte
tym razem usłyszała hałas, jaki wydawała bestia
und sie konnte nicht anders, als Angst zu haben
i nie mogła powstrzymać przerażenia
"Schönheit", sagte das Monster
„Piękno" – powiedział potwór
"erlaubst du mir, mit dir zu essen?"
„Czy pozwolisz mi zjeść z tobą?"
"Mach, was du willst", antwortete die Schönheit zitternd
„Rób, co chcesz" odpowiedziała piękność drżąc
„Nein", antwortete das Tier
„Nie" odpowiedziało zwierzę
„Du allein bist hier die Herrin"
"Ty sama jesteś tu panią"
„Sie können mich wegschicken, wenn ich Ärger mache"
„możesz mnie odesłać, jeśli sprawiam kłopoty"
„schick mich fort, und ich werde mich sofort zurückziehen"
„odeślij mnie, a natychmiast się wycofam"
„Aber sagen Sie mir: Finden Sie mich nicht sehr hässlich?"
„Ale powiedz mi, czy nie uważasz, że jestem bardzo brzydka?"
„Das stimmt", sagte die Schönheit
„To prawda" – powiedziała piękność
„Ich kann nicht lügen"
„Nie potrafię kłamać"
„aber ich glaube, Sie sind sehr gutmütig"

„ale wierzę, że jesteś bardzo dobroduszny"
„Das bin ich tatsächlich", sagte das Monster
„Tak, rzeczywiście" – powiedział potwór
„Aber abgesehen von meiner Hässlichkeit habe ich auch keinen Verstand"
„Ale oprócz mojej brzydoty nie mam też żadnego rozumu"
„Ich weiß sehr wohl, dass ich ein dummes Wesen bin"
„Dobrze wiem, że jestem głupim stworzeniem"
„Es ist kein Zeichen von Torheit, so zu denken", antwortete die Schönheit
„Nie jest to oznaką głupoty tak myśleć" – odpowiedziała piękność
„Dann iss, Schönheit", sagte das Monster
„Jedz więc, piękna" – powiedział potwór
„Versuchen Sie, sich in Ihrem Palast zu amüsieren"
„spróbuj zabawić się w swoim pałacu"
"alles hier gehört dir"
„wszystko tutaj jest twoje"
„Und ich wäre sehr unruhig, wenn Sie nicht glücklich wären"
„i byłoby mi bardzo nieswojo, gdybyś nie był szczęśliwy"
„Sie sind sehr zuvorkommend", antwortete die Schönheit
„Jesteś bardzo uprzejmy" odpowiedziała piękność
„Ich gebe zu, ich freue mich über Ihre Freundlichkeit"
„Przyznaję, że jestem zadowolony z Twojej życzliwości"
„Und wenn ich über deine Freundlichkeit nachdenke, fallen mir deine Missbildungen kaum auf"
„a gdy pomyślę o twojej dobroci, ledwie zauważam twoje deformacje"
„Ja, ja", sagte das Tier, „mein Herz ist gut
„Tak, tak" – powiedziało zwierzę – „moje serce jest dobre"
„Aber obwohl ich gut bin, bin ich immer noch ein Monster"
„ale chociaż jestem dobry, nadal jestem potworem"
„Es gibt viele Männer, die diesen Namen mehr verdienen

als Sie."
„Jest wielu mężczyzn, którzy bardziej niż ty zasługują na to imię"
„und ich bevorzuge dich, so wie du bist"
"i wolę cię takiego, jaki jesteś"
„und ich ziehe dich denen vor, die ein undankbares Herz verbergen"
„i wolę cię bardziej niż tych, którzy kryją niewdzięczne serce"
"Wenn ich nur etwas Verstand hätte", antwortete das Biest
„gdybym tylko miał trochę rozumu" – odpowiedziało zwierzę
„Wenn ich vernünftig wäre, würde ich Ihnen als Dank ein schönes Kompliment machen"
„gdybym miał rozum, powiedziałbym ci miły komplement, aby ci podziękować"
"aber ich bin so langweilig"
„ale jestem taki nudny"
„Ich kann nur sagen, dass ich Ihnen zu großem Dank verpflichtet bin"
„Mogę tylko powiedzieć, że jestem Ci bardzo zobowiązany"
Schönheit aß ein herzhaftes Abendessen
piękność zjadła obfitą kolację
und sie hatte ihre Angst vor dem Monster fast überwunden
i prawie pokonała strach przed potworem
aber sie wollte ohnmächtig werden, als das Biest ihr die nächste Frage stellte
ale chciała zemdleć, gdy bestia zadała jej kolejne pytanie
"Schönheit, willst du meine Frau werden?"
"Piękno, czy zostaniesz moją żoną?"
es dauerte eine Weile, bis sie antworten konnte
trochę czasu jej zajęło zanim mogła odpowiedzieć

weil sie Angst hatte, ihn wütend zu machen
ponieważ bała się, że go rozgniewa
Schließlich sagte sie jedoch "nein, Biest"
w końcu jednak powiedziała "nie, bestio"
sofort zischte das arme Monster ganz fürchterlich
biedny potwór natychmiast zasyczał bardzo przeraźliwie
und der ganze Palast hallte
i cały pałac rozbrzmiał echem
aber die Schönheit erholte sich bald von ihrem Schrecken
ale piękność szybko otrząsnęła się ze strachu
denn das Tier sprach wieder mit trauriger Stimme
bo bestia przemówiła ponownie żałosnym głosem
„Dann leb wohl, Schönheit"
„to żegnaj, piękna"
und er drehte sich nur ab und zu um
i tylko od czasu do czasu się odwracał
um sie anzusehen, als er hinausging
patrzeć na nią, gdy wychodził
jetzt war die Schönheit wieder allein
teraz piękno znów było samotne
Sie empfand großes Mitgefühl
poczuła wielkie współczucie
„Ach, es ist tausendmal schade"
„Och, to wielka szkoda"
„Etwas, das so gutmütig ist, sollte nicht so hässlich sein"
„coś tak dobrodusznego nie powinno być tak brzydkie"
Schönheit verbrachte drei Monate sehr zufrieden im Palast
piękność spędziła trzy miesiące bardzo zadowolona w pałacu
jeden Abend stattete ihr das Biest einen Besuch ab
każdego wieczoru bestia ją odwiedzała
und sie redeten beim Abendessen
i rozmawiali podczas kolacji
Sie sprachen mit gesundem Menschenverstand

rozmawiali ze zdrowym rozsądkiem
aber sie sprachen nicht mit dem, was man als geistreich bezeichnet
ale nie rozmawiali z tym, co ludzie nazywają dowcipnością
Schönheit entdeckte immer einen wertvollen Charakter im Biest
piękność zawsze odkrywała jakąś wartościową cechę w bestii
und sie hatte sich an seine Missbildung gewöhnt
i przyzwyczaiła się do jego deformacji
sie fürchtete sich nicht mehr vor seinem Besuch
nie bała się już czasu jego wizyty
jetzt schaute sie oft auf die Uhr
teraz często patrzyła na zegarek
und sie konnte es kaum erwarten, bis es neun Uhr war
i nie mogła się doczekać, aż będzie dziewiąta
denn das Tier kam immer zu dieser Stunde
ponieważ bestia nigdy nie przegapiła przyjścia o tej porze
Es gab nur eine Sache, die Schönheit betraf
była tylko jedna rzecz, która dotyczyła piękna
jeden Abend, bevor sie ins Bett ging, stellte ihr das Biest die gleiche Frage
każdej nocy, zanim poszła spać, bestia zadawała jej to samo pytanie
Das Monster fragte sie, ob sie seine Frau werden wolle
potwór zapytał ją, czy zostanie jego żoną
Eines Tages sagte sie zu ihm: „Biest, du machst mir große Sorgen."
Pewnego dnia powiedziała mu: „Bestio, bardzo mnie niepokoisz"
„Ich wünschte, ich könnte einwilligen, dich zu heiraten"
„Chciałbym wyrazić zgodę na ślub z tobą"
„Aber ich bin zu aufrichtig, um dir zu glauben zu machen, dass ich dich heiraten würde"
„ale jestem zbyt szczery, żeby wmówić ci, że chciałbym cię

poślubić"
„Unsere Ehe wird nie stattfinden"
„nasze małżeństwo nigdy nie dojdzie do skutku"
„Ich werde dich immer als Freund sehen"
„Zawsze będę cię uważać za przyjaciela"
„Bitte versuchen Sie, damit zufrieden zu sein"
„proszę, postaraj się być tym usatysfakcjonowany"
„Damit muss ich zufrieden sein", sagte das Tier
„Muszę się tym zadowolić" – powiedziało zwierzę
„Ich kenne mein eigenes Unglück"
„Znam swoje nieszczęście"
„aber ich liebe dich mit der zärtlichsten Zuneigung"
„ale kocham cię najczulszym uczuciem"
„Ich sollte mich jedoch als glücklich betrachten"
„Jednakże powinienem uważać się za szczęśliwego"
"und ich würde mich freuen, wenn du hier bleibst"
„i powinnam być szczęśliwa, że tu zostaniesz"
„versprich mir, mich nie zu verlassen"
„obiecuj mi, że nigdy mnie nie opuścisz"
Schönheit errötete bei diesen Worten
Piękność zarumieniła się na te słowa
Eines Tages schaute die Schönheit in ihren Spiegel
Pewnego dnia piękność spojrzała w lustro
ihr Vater hatte sich schreckliche Sorgen um sie gemacht
jej ojciec bardzo się o nią martwił
sie sehnte sich mehr denn je danach, ihn wiederzusehen
pragnęła go zobaczyć jeszcze bardziej niż kiedykolwiek
„Ich könnte versprechen, dich nie ganz zu verlassen"
„Mogę obiecać, że nigdy cię całkowicie nie opuszczę"
„aber ich habe so ein großes Verlangen, meinen Vater zu sehen"
„ale mam wielką ochotę zobaczyć mojego ojca"
„Ich wäre unendlich verärgert, wenn Sie nein sagen würden"
„Byłbym niesamowicie zdenerwowany, gdybyś powiedział

nie"
"Ich würde lieber selbst sterben", sagte das Monster
„Wolałbym umrzeć sam" – powiedział potwór
„Ich würde lieber sterben, als dir Unbehagen zu bereiten"
„Wolę umrzeć, niż sprawić ci przykrość"
„Ich werde dich zu deinem Vater schicken"
„Poślę cię do twojego ojca"
„Du sollst bei ihm bleiben"
„pozostaniesz z nim"
"und dieses unglückliche Tier wird stattdessen vor Kummer sterben"
„a to nieszczęsne zwierzę umrze z żalu"
"Nein", sagte die Schönheit weinend
„Nie" – powiedziała piękność, płacząc
„Ich liebe dich zu sehr, um die Ursache deines Todes zu sein"
„Kocham cię zbyt mocno, żeby być przyczyną twojej śmierci"
„Ich verspreche Ihnen, in einer Woche wiederzukommen"
„Obiecuję, że wrócę za tydzień"
„Du hast mir gezeigt, dass meine Schwestern verheiratet sind"
„Pokazałeś mi, że moje siostry są mężatkami"
„und meine Brüder sind zur Armee gegangen"
„a moi bracia poszli do wojska"
"Lass mich eine Woche bei meinem Vater bleiben, da er allein ist"
„pozwól mi zostać tydzień u ojca, bo jest sam"
"Morgen früh wirst du dort sein", sagte das Tier
„Będziesz tam jutro rano" – powiedziało zwierzę
„Aber denk an dein Versprechen"
„ale pamiętaj o swojej obietnicy"
„Sie brauchen Ihren Ring nur auf den Tisch zu legen,

bevor Sie zu Bett gehen."
„Wystarczy, że położysz pierścionek na stole przed pójściem spać"
"Und dann werdet ihr vor dem Morgen zurückgebracht"
„a potem zostaniecie sprowadzeni z powrotem przed rankiem"
„Lebe wohl, liebe Schönheit", seufzte das Tier
„Żegnaj, droga piękności" – westchnęła bestia
Die Schönheit ging an diesem Abend sehr traurig ins Bett
Tej nocy piękność poszła spać bardzo smutna
weil sie das Tier nicht so besorgt sehen wollte
ponieważ nie chciała widzieć tak zmartwionego zwierzęcia
am nächsten Morgen fand sie sich im Haus ihres Vaters wieder
Następnego ranka znalazła się w domu swojego ojca
sie läutete eine kleine Glocke neben ihrem Bett
zadzwoniła małym dzwoneczkiem przy łóżku
und das Dienstmädchen stieß einen lauten Schrei aus
a służąca wydała głośny krzyk
und ihr Vater rannte nach oben
a jej ojciec pobiegł na górę
er dachte, er würde vor Freude sterben
myślał, że umrze ze szczęścia
er hielt sie eine Viertelstunde lang in seinen Armen
trzymał ją w ramionach przez kwadrans
irgendwann waren die ersten Grüße vorbei
w końcu pierwsze powitania dobiegły końca
Schönheit begann daran zu denken, aus dem Bett zu steigen
piękność zaczęła myśleć o wstaniu z łóżka
aber sie merkte, dass sie keine Kleidung mitgebracht hatte
ale zdała sobie sprawę, że nie zabrała ze sobą żadnych ubrań
aber das Dienstmädchen sagte ihr, sie habe eine Kiste

gefunden
ale pokojówka powiedziała jej, że znalazła pudełko
der große Koffer war voller Kleider und Kleider
duży kufer był pełen sukien i sukienek
jedes Kleid war mit Gold und Diamanten bedeckt
każda suknia była pokryta złotem i diamentami
Schönheit dankte dem Tier für seine freundliche Pflege
Piękna podziękowała bestii za jej miłą opiekę
und sie nahm eines der schlichtesten Kleider
i założyła jedną z najzwyklejszych sukienek
Die anderen Kleider wollte sie ihren Schwestern schenken
zamierzała oddać pozostałe sukienki swoim siostrom
aber bei diesem Gedanken verschwand die Kleidertruhe
ale w tej chwili skrzynia z ubraniami zniknęła
Das Biest hatte darauf bestanden, dass die Kleidung nur für sie sei
Bestia upierała się, że te ubrania są tylko dla niej
ihr Vater sagte ihr, dass dies der Fall sei
jej ojciec powiedział jej, że tak było
und sofort kam die Kleidertruhe wieder zurück
i natychmiast kufer z ubraniami wrócił
Schönheit kleidete sich mit ihren neuen Kleidern
piękność ubrała się w nowe ubrania
und in der Zwischenzeit gingen die Mägde los, um ihre Schwestern zu finden
a tymczasem służące poszły szukać jej sióstr
Ihre beiden Schwestern waren mit ihren Ehemännern
obie jej siostry były ze swoimi mężami
aber ihre beiden Schwestern waren sehr unglücklich
ale obie jej siostry były bardzo nieszczęśliwe
Ihre älteste Schwester hatte einen sehr gutaussehenden Herrn geheiratet
jej najstarsza siostra wyszła za mąż za bardzo przystojnego dżentelmena

aber er war so selbstgefällig, dass er seine Frau vernachlässigte
ale był tak zapatrzony w siebie, że zaniedbał żonę
Ihre zweite Schwester hatte einen geistreichen Mann geheiratet
jej druga siostra wyszła za mąż za dowcipnego mężczyznę
aber er nutzte seinen Witz, um die Leute zu quälen
ale używał swojego dowcipu, by dręczyć ludzi
und am meisten quälte er seine Frau
i najbardziej ze wszystkich dręczył swoją żonę
Die Schwestern der Schönheit sahen sie wie eine Prinzessin gekleidet
siostry piękności widziały ją ubraną jak księżniczkę
und sie waren krank vor Neid
i byli zniesmaczeni zazdrością
jetzt war sie schöner als je zuvor
teraz była piękniejsza niż kiedykolwiek
ihr liebevolles Verhalten konnte ihre Eifersucht nicht unterdrücken
jej pełne uczuć zachowanie nie mogło stłumić ich zazdrości
Sie erzählte ihnen, wie glücklich sie mit dem Tier war
powiedziała im, jak bardzo jest szczęśliwa z bestią
und ihre Eifersucht war kurz vor dem Platzen
a ich zazdrość była bliska wybuchu
Sie gingen in den Garten, um über ihr Unglück zu weinen
Zeszli do ogrodu, aby płakać nad swoim nieszczęściem
„Inwiefern ist dieses kleine Geschöpf besser als wir?"
„W czym to małe stworzenie jest lepsze od nas?"
„Warum sollte sie so viel glücklicher sein?"
„Dlaczego miałaby być o wiele szczęśliwsza?"
„Schwester", sagte die ältere Schwester
„Siostro" – powiedziała starsza siostra
„Mir ist gerade ein Gedanke gekommen"
"właśnie przyszła mi do głowy pewna myśl"

„Versuchen wir, sie länger als eine Woche hier zu behalten"
„Spróbujmy zatrzymać ją tutaj na dłużej niż tydzień"
„Vielleicht macht das das dumme Monster wütend"
„może to rozwścieczy głupiego potwora"
„weil sie ihr Wort gebrochen hätte"
„ponieważ złamałaby dane słowo"
"und dann könnte er sie verschlingen"
„a potem mógłby ją pożreć"
"Das ist eine tolle Idee", antwortete die andere Schwester
„To świetny pomysł" odpowiedziała druga siostra
„Wir müssen ihr so viel Freundlichkeit wie möglich entgegenbringen"
„Musimy okazać jej jak najwięcej życzliwości"
Die Schwestern fassten den Entschluss
siostry podjęły takie postanowienie
und sie verhielten sich sehr liebevoll gegenüber ihrer Schwester
i zachowywali się bardzo czule wobec swojej siostry
Die arme Schönheit weinte vor Freude über all ihre Freundlichkeit
biedna piękność płakała z radości z powodu ich dobroci
Als die Woche um war, weinten sie und rauften sich die Haare
gdy tydzień dobiegł końca, płakali i wyrywali sobie włosy
es schien ihnen so leid zu tun, sich von ihr zu trennen
Wydawali się bardzo żałować, że muszą się z nią rozstać
und die Schönheit versprach, noch eine Woche länger zu bleiben
i piękność obiecała zostać tydzień dłużej
In der Zwischenzeit konnte die Schönheit nicht umhin, über sich selbst nachzudenken
Tymczasem piękność nie mogła powstrzymać się od refleksji nad sobą
sie machte sich Sorgen darüber, was sie dem armen Tier

antat
martwiła się, co robi biednemu zwierzęciu
Sie wusste, dass sie ihn aufrichtig liebte
ona wie, że szczerze go kochała
und sie sehnte sich wirklich danach, ihn wiederzusehen
i naprawdę pragnęła go znowu zobaczyć
Auch die zehnte Nacht verbrachte sie bei ihrem Vater
dziesiątą noc spędziła również u ojca
sie träumte, sie sei im Schlossgarten
śniło jej się, że była w ogrodzie pałacowym
und sie träumte, sie sähe das Tier ausgestreckt im Gras liegen
i śniło jej się, że widziała bestię rozciągniętą na trawie
er schien ihr mit sterbender Stimme Vorwürfe zu machen
zdawał się ją wyrzucać umierającym głosem
und er warf ihr Undankbarkeit vor
i oskarżył ją o niewdzięczność
Schönheit erwachte aus ihrem Schlaf
piękność obudziła się ze snu
und sie brach in Tränen aus
i wybuchła płaczem
„**Bin ich nicht sehr böse?**"
„Czyż nie jestem bardzo zły?"
„**War es nicht grausam von mir, so unfreundlich gegenüber dem Tier zu sein?**"
„Czyż nie było okrutne z mojej strony, że byłem tak nieuprzejmy wobec bestii?"
„**Das Biest hat alles getan, um mir zu gefallen**"
„bestia zrobiła wszystko, żeby mnie zadowolić"
"**Ist es seine Schuld, dass er so hässlich ist?**"
„Czy to jego wina, że jest taki brzydki?"
„**Ist es seine Schuld, dass er so wenig Verstand hat?**"
„Czy to jego wina, że ma tak mało rozumu?"
„**Er ist freundlich und gut, und das genügt**"
„On jest miły i dobry, i to wystarczy"

„Warum habe ich mich geweigert, ihn zu heiraten?"
„Dlaczego odmówiłam wyjścia za niego?"
„Ich sollte mit dem Monster glücklich sein"
„Powinienem być zadowolony z potwora"
„Schau dir die Männer meiner Schwestern an"
„spójrz na mężów moich sióstr"
„Weder Witz noch Schönheit machen sie gut"
„ani dowcipność, ani uroda nie czynią ich dobrymi"
„Keiner ihrer Ehemänner macht sie glücklich"
„żaden z ich mężów nie sprawia im radości"
„sondern Tugend, Sanftmut und Geduld"
„lecz cnota, łagodność usposobienia i cierpliwość"
„Diese Dinge machen eine Frau glücklich"
„te rzeczy uszczęśliwiają kobietę"
„und das Tier hat all diese wertvollen Eigenschaften"
„a bestia ma wszystkie te cenne cechy"
„es ist wahr, ich empfinde keine Zärtlichkeit und Zuneigung für ihn"
„to prawda, nie czuję do niego czułości i uczucia"
„aber ich empfinde für ihn die allergrößte Dankbarkeit"
„ale czuję wobec niego ogromną wdzięczność"
„und ich habe die höchste Wertschätzung für ihn"
„i mam dla niego najwyższy szacunek"
"und er ist mein bester Freund"
„i on jest moim najlepszym przyjacielem"
„Ich werde ihn nicht unglücklich machen"
„Nie będę go unieszczęśliwiać"
„Wenn ich so undankbar wäre, würde ich mir das nie verzeihen"
„Gdybym był tak niewdzięczny, nigdy bym sobie nie wybaczył"
Schönheit legte ihren Ring auf den Tisch
piękność położyła swój pierścionek na stole
und sie ging wieder zu Bett
i znowu poszła spać

kaum war sie im Bett, da schlief sie ein
ledwo leżała w łóżku, bo zasnęła
Sie wachte am nächsten Morgen wieder auf
obudziła się następnego ranka
und sie war überglücklich, sich im Palast des Tieres wiederzufinden
i była przeszczęśliwa, że znalazła się w pałacu bestii
Sie zog eines ihrer schönsten Kleider an, um ihm zu gefallen
założyła jedną ze swoich najpiękniejszych sukienek, żeby mu dogodzić
und sie wartete geduldig auf den Abend
i cierpliwie czekała na wieczór
kam die ersehnte Stunde
nadeszła upragniona godzina
die Uhr schlug neun, doch kein Tier erschien
zegar wybił dziewiątą, a żadne zwierzę się nie pojawiło
Schönheit befürchtete dann, sie sei die Ursache seines Todes gewesen
Piękność zaczęła się obawiać, że to ona była przyczyną jego śmierci
Sie rannte weinend durch den ganzen Palast
biegała i płakała po całym pałacu
nachdem sie ihn überall gesucht hatte, erinnerte sie sich an ihren Traum
po tym jak wszędzie go szukała, przypomniał sobie swój sen
und sie rannte zum Kanal im Garten
i pobiegła do kanału w ogrodzie
Dort fand sie das arme Tier ausgestreckt
tam znalazła biedne zwierzę wyciągnięte
und sie war sicher, dass sie ihn getötet hatte
i była pewna, że go zabiła
sie warf sich ohne Furcht auf ihn
rzuciła się na niego bez żadnego strachu

sein Herz schlug noch
jego serce wciąż biło
sie holte etwas Wasser aus dem Kanal
przyniosła trochę wody z kanału
und sie goss das Wasser über seinen Kopf
i wylała mu wodę na głowę
Das Tier öffnete seine Augen und sprach mit der Schönheit
bestia otworzyła oczy i przemówiła do piękna
„Du hast dein Versprechen vergessen"
„Zapomniałeś o swojej obietnicy"
„Es hat mir das Herz gebrochen, dich verloren zu haben"
„Byłam tak załamana, że cię straciłam"
„Ich beschloss, zu hungern"
„Postanowiłem się zagłodzić"
„aber ich habe das Glück, Sie wiederzusehen"
„ale mam szczęście widzieć cię jeszcze raz"
„so habe ich das Vergnügen, zufrieden zu sterben"
„więc mam przyjemność umrzeć zadowolony"
„Nein, liebes Tier", sagte die Schönheit, „du darfst nicht sterben"
„Nie, kochana bestio" – rzekła piękność – „nie wolno ci umrzeć"
„Lebe, um mein Ehemann zu sein"
„Żyj, aby być moim mężem"
„Von diesem Augenblick an reiche ich dir meine Hand"
„od tej chwili podaję ci swoją rękę"
„und ich schwöre, niemand anderes als Dein zu sein"
„i przysięgam, że nie będę należał do nikogo innego, jak tylko do ciebie"
„Ach! Ich dachte, ich hätte nur Freundschaft für dich."
„Ach! Myślałem, że mam dla ciebie tylko przyjaźń"
"aber der Kummer, den ich jetzt fühle, überzeugt mich;"
„ale smutek, który teraz czuję, przekonuje mnie;"
„Ich kann nicht ohne dich leben"

„Nie mogę żyć bez ciebie"
Schönheit hatte diese Worte kaum gesagt, als sie ein Licht sah
Piękność ledwie wypowiedziała te słowa, gdy zobaczyła światło
der Palast funkelte im Licht
pałac lśnił światłem
Feuerwerk erleuchtete den Himmel
fajerwerki rozświetliły niebo
und die Luft erfüllt mit Musik
a powietrze wypełniła muzyka
alles kündigte ein großes Ereignis an
wszystko wskazywało na jakieś wielkie wydarzenie
aber nichts konnte ihre Aufmerksamkeit fesseln
ale nic nie mogło przykuć jej uwagi
sie wandte sich ihrem lieben Tier zu
zwróciła się do swego kochanego zwierzęcia
das Tier, vor dem sie vor Angst zitterte
bestia , przed którą drżała ze strachu
aber ihre Überraschung über das, was sie sah, war groß!
ale to, co zobaczyła, bardzo ją zdziwiło!
das Tier war verschwunden
bestia zniknęła
stattdessen sah sie den schönsten Prinzen
zamiast tego zobaczyła najpiękniejszego księcia
sie hatte den Zauber beendet
położyła kres czarowi
ein Zauber, unter dem er einem Tier ähnelte
zaklęcie, pod wpływem którego przypominał bestię
dieser Prinz war all ihre Aufmerksamkeit wert
ten książę był godzien całej jej uwagi
aber sie konnte nicht anders und musste fragen, wo das Biest war
ale nie mogła powstrzymać się od pytania, gdzie jest bestia
„Du siehst ihn zu deinen Füßen", sagte der Prinz

„Widzisz go u swoich stóp" – powiedział książę
„Eine böse Fee hatte mich verdammt"
„Zła wróżka mnie potępiła"
„Ich sollte diese Gestalt behalten, bis eine wunderschöne Prinzessin einwilligte, mich zu heiraten."
„Miałem pozostać w tej formie, dopóki piękna księżniczka nie zgodzi się mnie poślubić"
„Die Fee hat mein Verständnis verborgen"
„wróżka ukryła moje zrozumienie"
„Du warst der Einzige, der großzügig genug war, um von meiner guten Laune bezaubert zu sein."
„byłeś jedyną osobą na tyle hojną, że oczarował cię mój dobry charakter"
Schönheit war angenehm überrascht
Piękność była mile zaskoczona
und sie gab dem bezaubernden Prinzen ihre Hand
i podała rękę czarującemu księciu
Sie gingen zusammen ins Schloss
razem weszli do zamku
und die Schöne war überglücklich, ihren Vater im Schloss zu finden
i piękność była przeszczęśliwa, gdy znalazła ojca w zamku
und ihre ganze Familie war auch da
i cała jej rodzina też tam była
sogar die schöne Dame, die in ihrem Traum erschienen war, war da
nawet piękna kobieta, która pojawiła się w jej śnie, była tam
"Schönheit", sagte die Dame aus dem Traum
„Piękno" – powiedziała dama ze snu
„Komm und empfange deine Belohnung"
„przyjdź i odbierz swoją nagrodę"
„Sie haben die Tugend dem Witz oder dem Aussehen vorgezogen"
„wybrałeś cnotę ponad dowcip i wygląd"
„und Sie verdienen jemanden, in dem diese

Eigenschaften vereint sind"
„i zasługujesz na kogoś, u kogo te cechy są połączone"
„Du wirst eine großartige Königin sein"
„będziesz wielką królową"
„Ich hoffe, der Thron wird deine Tugend nicht schmälern"
„Mam nadzieję, że tron nie umniejszy twojej cnoty"
Dann wandte sich die Fee an die beiden Schwestern
następnie wróżka zwróciła się do dwóch sióstr
„Ich habe in eure Herzen geblickt"
„Widziałem w waszych sercach"
„und ich kenne die ganze Bosheit, die in euren Herzen steckt"
„i znam całą złość, jaką kryją w sobie wasze serca"
„Ihr beide werdet zu Statuen"
„wy dwaj staniecie się posągami"
„Aber ihr werdet euren Verstand bewahren"
„ale zachowacie swoje umysły"
„Du sollst vor den Toren des Palastes deiner Schwester stehen"
„staniesz u bram pałacu swojej siostry"
„Das Glück deiner Schwester soll deine Strafe sein"
„szczęście twojej siostry będzie twoją karą"
„Sie werden nicht in Ihren früheren Zustand zurückkehren können"
„nie będziesz mógł powrócić do swoich poprzednich stanów"
„es sei denn, Sie beide geben Ihre Fehler zu"
„chyba że oboje przyznacie się do swoich błędów"
„Aber ich sehe voraus, dass ihr immer Statuen bleiben werdet"
„ale przewiduję, że zawsze pozostaniecie posągami"
„Stolz, Zorn, Völlerei und Faulheit werden manchmal besiegt"
„duma, gniew, obżarstwo i lenistwo bywają

przezwyciężane"
„aber die Bekehrung neidischer und böswilliger Gemüter sind Wunder"
„ lecz nawrócenie zazdrosnych i złośliwych umysłów jest cudem"
sofort strich die Fee mit ihrem Zauberstab
Wróżka natychmiast machnęła różdżką
und im nächsten Augenblick waren alle im Saal entrückt
i w jednej chwili wszyscy, którzy byli w sali, zostali przeniesieni
Sie waren in die Herrschaftsgebiete des Fürsten eingedrungen
udali się do włości księcia
die Untertanen des Prinzen empfingen ihn mit Freude
poddani księcia przyjęli go z radością
der Priester heiratete die Schöne und das Biest
ksiądz poślubił piękną i bestię
und er lebte viele Jahre mit ihr
i żył z nią wiele lat
und ihr Glück war vollkommen
i ich szczęście było pełne
weil ihr Glück auf Tugend beruhte
ponieważ ich szczęście opierało się na cnocie

Das Ende
Koniec

www.tranzlaty.com

www.ingramcontent.com/pod-product-compliance
Lightning Source LLC
Chambersburg PA
CBHW011551070526
44585CB00023B/2553